L'ANCIENNE ...

VERGNE

(XIIe-XVIe SIÈCLES)

Philippe de BOSREDON

PLANCHES

BRIVES

IMPRIMERIE ...

SIGILLOGRAPHIE

DE L'ANCIENNE

AUVERGNE

SIGILLOGRAPHIE

DE L'ANCIENNE

AUVERGNE

(XIIᴱ-XVIᴱ SIÈCLES)

PAR

Philippe de BOSREDON

PLANCHES

BRIVE

IMPRIMERIE ROCHE

—

1895

TABLE DES PLANCHES

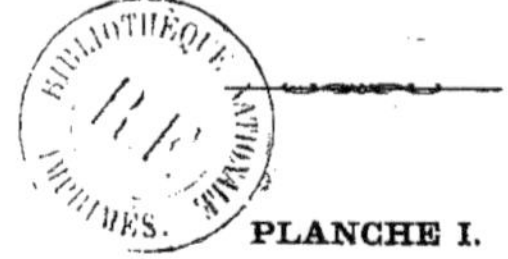

PLANCHE I.

Fig. 1. — Robert IV, comte d'Auvergne (n° 3).
— 2. — Le même (n° 4).

Fig. 3 et 3 bis. — Le même (n° 5).
— 4 et 4 bis. — Guy II, comte d'Auvergne (n° 7).

PLANCHE II.

Fig. 5. — Pernelle de Chambon, veuve de Guy II, comte d'Auvergne (n° 8).
— 6. — Robert V, comte d'Auvergne (n° 15).
— 7 et 7 bis. — Le même (n° 16).
— 8. — Eléonore de Baffie, veuve de Robert V, comte d'Auvergne (n° 17).

Fig. 9 et 9 bis. — Guy d'Auvergne, dit de Clermont (n° 18).
— 10. — Le même (n° 21).
— 11. — Guillaume d'Auvergne, plus tard Guillaume XI, comte d'Auvergne (n° 22).

PLANCHE III.

Fig. 12 et 12 bis. — Robert VI, comte d'Auvergne (n° 25).
— 13. — Robert VII, plus tard comte d'Auvergne (n° 29).

Fig. 14 et 14 bis. — Marguerite d'Evreux, veuve de Guillaume XII, comte d'Auvergne (n° 31).
— 15. — Guy d'Auvergne, dit de Boulogne, cardinal (n° 33).
— 16. — Le même (n° 34).

PLANCHE IV.

Fig. 17. — Jeanne d'Auvergne, dite de Boulogne, plus tard Jeanne Ire, comtesse d'Auvergne (n° 35).
— 18. — Philippe, comte d'Auvergne (n° 38).

Fig. 19 et 19 bis. — Jeanne de Clermont, femme de Jean de Boulogne, sire de Montgascon (plus tard Jean Ier, comte d'Auvergne (n° 44).

PLANCHE V.

Fig. 20. — Jean II, comte d'Auvergne (n° 46).
— 21 et 21 bis. — Jean Stuart, duc d'Albany, mari d'Anne de La Tour, comtesse d'Auvergne (n° 57).

Fig. 22. — Catherine de Médicis, reine de France, comtesse d'Auvergne (n° 59).

PLANCHE VI.

Fig. 23 et 23 bis. — Dauphin d'Auvergne (n° 60).
— 24 et 24 bis. — Guillaume, plus tard dauphin d'Auvergne (n° 62).

Fig. 25 et 25 bis. — Le même (n° 64).

PLANCHE VII.

Fig. 26 et 26 bis. — Philippie, veuve de Guillaume, dauphin d'Auvergne (n° 65).
— 27 et 27 bis. — Robert Ier, dauphin d'Auvergne (n° 67).

Fig. 28 et 28 bis. — Aloys de Ventadour, femme de Robert Ier, dauphin d'Auvergne (n° 68).
— 29 et 29 bis. — Robert II, dauphin d'Auvergne (n° 72).
— 30. — Béraud III, dauphin d'Auvergne (n° 84).

PLANCHE VIII.

Fig. 31. — Jean de France, duc d'Auvergne (n° 147).

Fig. 32. — Le même (n° 150).

PLANCHE IX.

Fig. 32 bis. — Jean Ier de France, duc d'Auvergne (n° 150).

— *33.* — Le même (n° 153).

Fig. 34. — Charles Ier de Bourbon, duc d'Auvergne (n° 162).

— *35.* — Jean II de Bourbon, duc d'Auvergne (n° 165).

PLANCHE X.

Fig. 36. — Louis Ier de Bourbon, comte de Montpensier (n° 193).

— *37.* — Gilbert de Bourbon, comte de Montpensier (n° 195).

— *38 et 38 bis.* — Catherine-Marie de Lorraine, femme de Louis de Bourbon, comte de Montpensier (n° 208).

Fig. 39 et 39 bis. — Béraud X, seigneur de Mercœur (n° 221).

— *40.* — Marie de Mercœur, femme de Jean Ier, comte de Joigny (n° 226).

PLANCHE XI.

Fig. 41. — Louis de Bosredon (n° 436).

— *42.* — Hugues de Bosredon (n° 437).

— *43.* — Jean de Bosredon (n° 439).

— *44.* — Blain Loup (n° 690).

— *45.* — Jeanne de Jambes, veuve de Jean de Polignac (n° 811).

Fig. 46. — Greffe d'appeaux d'Aurillac (n° 953).

— *47.* — Cour du dauphiné d'Auvergne (n° 962).

— *48.* — Bailliage de Blesle (n° 970).

— *49.* — Baronnie de Roche-d'Agoux (n° 1027).

PLANCHE XII.

Fig. 50 et 50 bis. — Ville d'Aurillac (n° 1036).

— *51 et 51 bis.* — Ville de Clermont (n° 1038).

— *52.* — Ville d Issoire (n° 1041).

Fig. 53 et 53 bis. — Ville de Maurs (n° 1042).

— *54 et 54 bis.* — Ville de Montferrand (n° 1044).

PLANCHE XIII.

Fig. 55 et 55 bis. — Ville de Montsalvy (n° 1046).

— *56 et 56 bis.* — Ville de Riom (n° 1048).

Fig. 57 et 57 bis. — Ville de Saint-Flour (n° 1049).

PLANCHE XIV.

Fig. 58 et 58 bis. — Robert d'Auvergne, évêque d'Auvergne (n° 1186).

— *59 et 59 bis.* — Le même (n° 1187).

— *60 et 60 bis.* — Hugues de La Tour, évêque d'Auvergne (n° 1188).

Fig. 61 et 61 bis. — Adémar de Cros, évêque d'Auvergne (n° 1192).

— *62.* — Officialité de l'Auditeur général des causes de l'évêque de Clermont (n° 1219).

— *63.* — Chapitre de Cébaziac (n° 1230).

PLANCHE XV.

Fig. 57 A. — Collège et communauté des prêtres d'Espalenc (n° 1154).

— *64.* — Eglise d'Entre-Saints à Clermont (n° 1241).

— *65.* — Pierre, doyen de Clermont (n° 1320).

Fig. 66. — B. de Vernes, archiprêtre de Saint-Flour (n° 1338).

— *67.* — Jean d'Armagnac, abbé d'Aurillac (n° 1356).

— *68.* — La prieure et le couvent de Comps (n° 1412).

— *69.* — Couvent de Saint-Pourçain (n° 1470).

Par suite de difficultés survenues dans la reproduction de certains sceaux, la liste primitivement dressée pour les photographies a éprouvé quelques modifications qui ont entraîné un défaut de concordance entre le texte et les planches. Il y a lieu, par suite, d'ajouter dans le texte les mentions suivantes :

N° 35. — JEANNE D'AUVERGNE, DITE DE BOULOGNE, PLUS TARD JEANNE Ire, COMTESSE D'AUVERGNE. — Ajouter un renvoi à la figure 17.

N° 72. — ROBERT II, DAUPHIN D'AUVERGNE. — Ajouter un renvoi aux figures 29 et 29 bis.

N° 208. — CATHERINE-MARIE DE LORRAINE, FEMME DE LOUIS DE BOURBON, COMTE DE MONTPENSIER. — Ajouter un renvoi aux figures 38 et 38 bis.

N° 1154. — COLLÈGE ET COMMUNAUTÉ DES PRÊTRES D'ESPALENC. — Ajouter un renvoi à la figure 57 A.

PLANCHE I.

Fig. 1. — Robert IV, comte d'Auvergne (n° 3).
— *2.* — Le même (n° 4).

Fig. 3 et 3 bis. — Le même (n° 5).
— *4 et 4 bis.* — Guy II, comte d'Auvergne (n° 7).

PLANCHE II.

Fig. 5. — PERNELLE DE CHAMBON, veuve de Guy II, comte d'Auvergne (n° 8).
— 6. — ROBERT V, comte d'Auvergne (n° 15).
— *7 et 7 bis.* — LE MÊME (n° 16).
— 8. — ÉLÉONORE DE BAFFIE, veuve de Robert V, comte d'Auvergne (n° 17).

Fig. 9 et 9 bis. — GUY D'AUVERGNE, dit de Clermont (n° 18).
— 10. — LE MÊME (n° 21).
— 11. — GUILLAUME D'AUVERGNE, plus tard Guillaume XI, comte d'Auvergne (n° 22).

PLANCHE III.

Fig. 12 et 12 bis. — ROBERT VI, comte d'Auvergne (nº 25).

— 13. — ROBERT VII, plus tard comte d'Auvergne (nº 29).

Fig. 14 et 14 bis. — MARGUERITE D'EVREUX, veuve de Guillaume XII, comte d'Auvergne (nº 31).

— 15. — GUY D'AUVERGNE, dit de Boulogne, cardinal (nº 33).

— 16. — LE MÊME (nº 34).

PLANCHE IV.

17.

19.

19 *bis.*

18.

PLANCHE V.

Fig. 20. — JEAN II, comte d'Auvergne (n° 46).
— 21 et 21 bis. — JEAN STUART, duc d'Albany, mari d'Anne de La Tour, comtesse d'Auvergne (n° 57).

Fig. 22. — CATHERINE DE MÉDICIS, reine de France, comtesse d'Auvergne (n° 59).

PLANCHE VI.

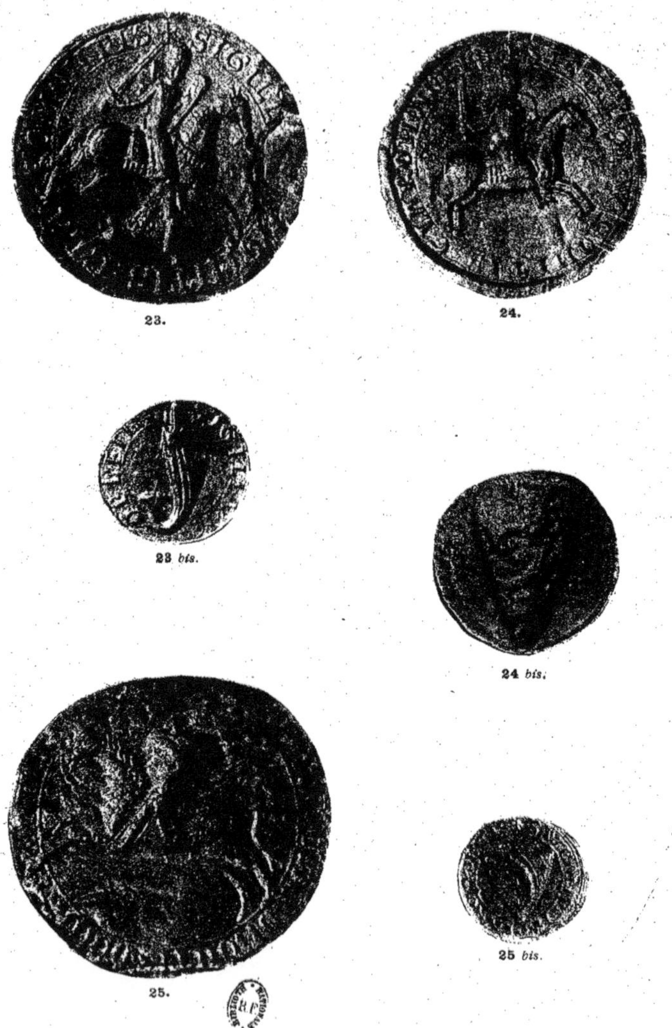

23.

24.

23 *bis.*

24 *bis.*

25.

25 *bis.*

Fig. 23 et 23 bis. — Dauphins d'Auvergne (n° 60).
— *24 et 24 bis.* — Guillaume, plus tard dauphin d'Auvergne (n° 62).

Fig. 25 et 25 bis. — Le même (n° 64).

PLANCHE VII.

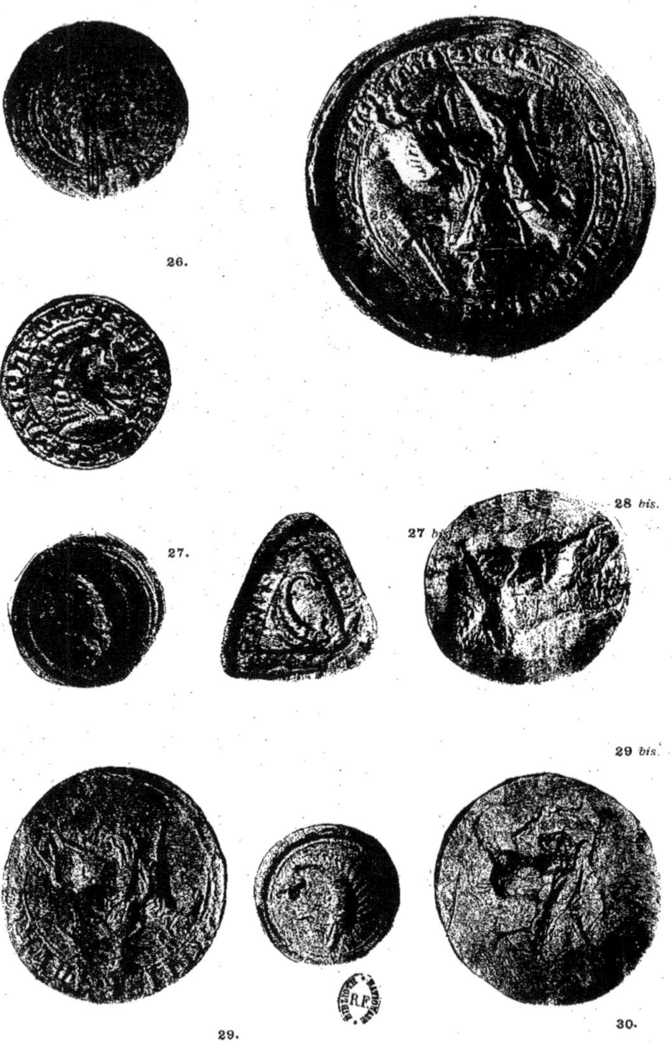

Fig. 26 et 26 bis. — PHILIPPIE, veuve de Guillaume, dauphin d'Auvergne (n° 65).

— 27 et 27 bis. — ROBERT Ier, dauphin d'Auvergne (n° 67).

Fig. 28 et 28 bis. — ALOYS DE VENTADOUR, femme de Robert Ier, dauphin d'Auvergne (n° 68).

— 29 et 29 bis. — ROBERT II, dauphin d'Auvergne (n° 72).

— 30. — BÉRAUD III, dauphin d'Auvergne (n° 84).

31.

32.

Fig. 31. — JEAN DE FRANCE, duc d'Auvergne (n° 147).
— *32.* — LE MÊME (n° 150).

PLANCHE IX.

33.
32 bis.
34.
35.

Fig. 32 bis. — JEAN Iᵉʳ DE FRANCE, duc d'Auvergne
(n° 150).
—   33. — LE MÊME (n° 153).

Fig 34. — CHARLES Iᵉʳ DE BOURBON, duc d'Auvergne (n° 169).
—   35. — JEAN II DE BOURBON, duc d'Auvergne
(n° 165).

PLANCHE X.

Fig. 41. — Louis de Bosredon (n° 436).
— 42. — Hugues de Bosredon (n° 437).
— 43. — Jean de Bosredon (n° 439).
— 44. — Blain Loup (n° 690).
— 45. — Jeanne de Jambes, veuve de Jean de Polignac (n° 811).

Fig. 46. — Greffe d'Appeaux d'Aurillac (n° 953).
— 47. — Cour du dauphiné d'Auvergne (n° 962).
— 48. — Bailliage de Blesle (n° 970).
— 49. — Baronnie de Roche-d'Agoux (n° 1027).

PLANCHE XII.

Fig. 50 et 50 bis. — VILLE D'AURILLAC (n° 1036).
— 51 et 51 bis. — VILLE DE CLERMONT (n° 1038).
— 52. — VILLE D'ISSOIRE (n° 1041).

Fig. 53 et 53 bis. — VILLE DE MAURS (n° 1042).
— 54 et 54 bis. — VILLE DE MONTFERRAND (n° 1044).

PLANCHE XIII.

55.

55 bis.

56.

57.

56 bis.

57 bis.

Fig. 55 et 55 bis. — Ville de Montsalvy (n° 1046). | Fig. 57 et 57 bis. — Ville de Saint-Flour (n°
— 56 et 56 bis. — Ville de Riom (n° 1048) | 1049).

PLANCHE XIV.

Fig. 58 et 58 bis. — Robert d'Auvergne, évêque
d'Auvergne (n° 1186).

— *59 et 59 bis.* — Le même (n° 1187).

— *60 et 60 bis.* — Hugues de La Tour, évêque
d'Auvergne (n° 1188).

Fig. 61 et 61 bis. — Adémar de Cros, évêque
d'Auvergne (n° 1192).

— *62.* — Officialité de l'Auditeur général des
causes de l'évêque de Clermont (n°
1219).

— *63.* — Chapitre de Cébaziac (n° 1230).

PLANCHE XV.

Fig. 57 A. — Collège et communauté des prêtres d'Espalenc (n° 1154).

— 64. — Église d'Entre-Saints à Clermont (n° 1241).

— 65. — Pierre, doyen de Clermont (n° 1320).

Fig. 66. — B. de Vernes, archiprêtre de Saint-Flour (n° 1338).

— 67. — Jean d'Armagnac, abbé d'Aurillac (n° 1356).

— 68. — La prieure et le couvent de Comps (n° 1412).

— 69. — Couvent de Saint-Pourçain (n° 1470).

www.ingramcontent.com/pod-product-compliance
Ingram Content Group UK Ltd.
Pitfield, Milton Keynes, MK11 3LW, UK
UKHW021651090726
13657UKWH00004B/1890